漫画中国哲学

青少版

汉唐传承

高高的太阳天上挂

魏 雁 著　　王彦开 绘

商务印书馆国际有限公司
中国·北京

图书在版编目（CIP）数据

汉唐传承：高高的太阳天上挂 / 魏雁著；王彦开绘. -- 北京：商务印书馆国际有限公司，2021.9
（漫画中国哲学）
ISBN 978-7-5176-0852-3

Ⅰ. ①汉… Ⅱ. ①魏… ②王… Ⅲ. ①哲学史－中国－通俗读物 Ⅳ. ①B2-49

中国版本图书馆CIP数据核字（2021）第145181号

汉唐传承：高高的太阳天上挂
HANTANG CHUANCHENG : GAOGAODE TAIYANG TIANSHANG GUA

著　　者　魏雁
绘　　者　王彦开
出版发行　商务印书馆国际有限公司
地　　址　北京市朝阳区吉庆里14号楼佳汇国际中心A座12层
邮　　编　100020
电　　话　010-65592876（编校部）
　　　　　010-65598498（市场营销部）
网　　址　www.cpi1993.com
印　　刷　北京中科印刷有限公司
开　　本　880mm × 1230mm　1/32
字　　数　102千字
印　　张　6.25
版　　次　2021年9月第1版第1次印刷
书　　号　ISBN 978-7-5176-0852-3
定　　价　42.00元

自　序

中国当代著名哲学家冯友兰先生说："用中国一句老话说，哲学可以给人一个'安身立命之地'。就是说，哲学可以给人一种精神境界，人可以在其中'心安理得'地生活下去，他的生活可以是按部就班的和平，也可以是枪林弹雨的战斗。无论是在和风细雨之下，或是在惊涛骇浪之中，他都可以安然自若地生活下去。这就是他的'安身立命之地'。"

看到冯老说的这几句话，我突然明白了自己这几年努力的意义。其实这种感触一直埋在我的心里，但我却苦于没有能力总结出来，这可能就是大师与普通人的区别吧。

如今大师已去，可普通人的生活还在继续。普通人虽然普通，但我们也需要"安身立命之地"，尤其是寒窗苦读、升学压力巨大的孩子们。

为了这个不小的目标，我开始尝试用一种青春活泼、幽默风趣的语言来讲述哲学，希望更多人在青少年时期甚至人生的更早阶段就能明白哲学中蕴藏的奇妙道理，希望这些道理能陪伴他们、支撑他们以一种充满智慧、满心愉悦的状态生活在天地之间。

《漫画中国哲学》（青少版）这套书共4册，重点参考了冯友兰《中国哲学史》、司马迁《史记》、梁漱溟《中国文化的要义》等，引入正在准备高考的哥哥大哲和马上小升初的弟弟小哲两个青春活泼的漫画人物，从探寻中国哲学的源头出发，一路寻找。周公旦会教给他们什么？如果孔子和墨子遇上了，会大吵一架吗？一个舂米的小哥哥为啥能成为禅宗六祖？鼎鼎大名的宋明理学到底讲了些什么？清朝灭亡后，中国哲学走向何方……

为了更加直观易懂，我们特邀新生代插画师王彦开为这套书绘制了漫画。他的画真是有着说不出的灵秀之气，让人不时捧腹。

来来来，咱们手拉手，说走就走，一起开启这段奇异智慧的哲学之旅吧！

魏雁

目录 CONTENTS

第三章 隋唐时期：儒释道并存 123

后 记 193

第一章

汉朝：独尊儒术前前后后

总说汉朝：

在那场令人唏嘘的垓（gāi）下之战后，刘邦最终以胜利者的姿态登上了皇帝的宝座。

汉朝建立后，必须拿短命的秦朝作为借鉴的典型，于是制定各种政策就温和得多。再说，有秦朝这一严苛的坏例子在先，百姓也更易于接受这些温和政策。

汉朝是一个什么样的朝代呢?

讲先秦哲学时我们说过夏、商、周，其中，周朝是各朝代的榜样。只可惜西周后来衰弱成了东周，春秋战国时期各个诸侯国你打我、我打你，忙忙碌碌地就这样过了500多年。好不容易秦国统一了天下吧，又没维持多久，接着又是历时5年的楚汉争霸，最后，刘邦胜出，才建立了这个来之不易的大一统的汉朝。

这是一个将统一局面维持了400多年的汉朝!这是一个短暂的休养生息之后繁荣雄浑的汉朝!这是一个奠定中国版图雏形的汉朝!这个大汉王朝，它庄严而温和，雄浑又厚实，这是中国历史上一个长久而繁荣的大帝国时代。

在这样的历史背景下，哲学又会有怎样的发展呢?我们一起去看看吧!

第一节　汉初的黄老之术

什么是黄老之术？

为什么汉初要用黄老之术来治国呢？

黄老之术中的“黄”就是黄帝，“老”就是老子。那么黄老之术是说黄帝当年真的留下了什么治世绝学，并和后来的《老子》（即《道德经》）结合起来成为一种治国之术了吗？当然不是啦！

黄老之术在春秋的历史典籍中还无人提及。有学者推断说，这种理论最初得到重用应该是在战国初年，主要是在齐国——田氏代齐之后。

是这样的，当年周公旦在全国范围内实行分封制，其中为周朝的统一大业做出过重大贡献的姜子牙就被分封在了齐国，这就是姜齐。

可到了春秋末年，姜齐被来自陈国的田氏所取代。从此，齐国的主人从吕氏（姜子牙是姜姓，吕氏）变成了田氏，这就是田齐。

田齐是取代姜齐而成立的新政权，于是特别需要对自己政权的合理性进行解释。他们绞尽脑汁想啊想，首先想到了老子。为什么呢？因为他们说老子也是陈国人（这一点尚需考证），而田氏的祖先也来自陈国。于是，老乡见老乡，情义深又长，田氏政权首先选择了老乡老子的学说。

但是，他们还不满足于此。于是他们又抬出了比尧（yáo）、舜（shùn）、禹（yǔ）更早的黄帝。对了，齐威王还不辞辛劳，绕了九九八十一道弯把黄帝认作了田氏的始祖。

为啥要来这一波神操作呢？

因为你们儒家的偶像不是周朝吗？你们墨家的偶像不是夏朝吗？可你们瞧瞧我们田齐的偶像，可是黄帝哎！黄帝比你们的偶像都早、都厉害！不仅如此，你看我们田氏是黄帝的后裔（yì），而你们吕氏呢，是炎帝的后裔。几千年前黄帝部落战胜炎帝部落而得了天下，现在我们田氏又打败了你们吕氏而得到了齐国。您瞧瞧，这不是命运是什么？

好了，如此傲娇、高配的合理性，就这么被田齐给找到了！

俗话说世上怕就怕认真二字，田齐这么用心琢磨，接下来黄老之学受重用也就是顺理成章的事了。

所以郭沫若说："黄老之术……事实上是培植于齐、发育于齐，而昌盛于齐的。"

黄老之术的核心内容是什么呢？

说简单点，田齐下了这么大功夫，难道就是为了道家的“无为”吗？

不存在的。

事实上，黄老之术就是披着道家“无为”外衣的“无不为”之术。说白了，就是表面上看起来清静无为，本质是以“南面之术”（古代君王治国所需的政治哲学）治理国家，有点外松内紧的意思。

可以说，当黄老之术从老学出发，带着无穷的攻击力直奔“无不为”而去的时候，庄子所代表的另一拨人却从这里出发，“欲绝去礼学，兼弃仁义”，直奔纯粹的“无为”而去。

老学从这里分作两路：一路是以人君南面之术为核心的黄老之术；一路是以自我成全为核心的无为状态。

好了，搞明白了黄老之术，我们再回到汉朝初年。

此时天下初定，社会亟（jí）需休养生息。汉文帝的妈妈薄太后和汉景帝的妈妈窦（dòu）太后又都喜好黄老之术，于是汉文帝和汉景帝也都积极采用黄老之术来治理国家了。

第二节 独尊的是个什么儒？

前面我们说过，为了平息秦朝的苛政以及长达5年的楚汉争霸带来的创痛，汉初重用的是无为而有为的黄老之术。对，就是让大家先安定下来，生产先恢复起来，小买卖先做起来，然后再慢慢图发展。

结果很成功。

经过汉高祖、汉惠帝、汉文帝、汉景帝这四代皇帝60多年的治理，一个生机勃勃的汉朝已然做好了起飞的准备。

嗯，接下来，该好好加把劲创造美好的生活啦！

哪一种思想能号召人们加把劲去创造新生活呢？

儒家！

积极入世的儒家！

恰逢其时，这个准备起飞的汉朝就遇到了他命定的知己——年轻有为的汉武帝刘彻。

虽然刘彻 16 岁就已经继位，但是窦太后还在，他即使想好好干一场也没办法，还得等等。

公元前 135 年，窦太后去世，没人辖制的汉武帝终于可以甩开膀子大干一场啦！

要大干一场，首先要做的就是统一思想。对，要大家心往一处想、力往一处使，调动起全社会的热情。

如果说秦始皇的焚书坑儒是春秋战国时期百家争鸣之后第一次统一思想的行为，那么汉武帝现在需要的就是第二次统一。

一次真正的统一！

可是拿什么思想武器来完成统一呢？

汉武帝在思考。

道家？不行！爷爷、爸爸他们已经用过了，现在的历史阶段需要更加积极的人生态度！

法家？不行！秦始皇就是前车之鉴啊！谁用谁完蛋！

墨家？墨家是什么？墨子之后的墨家慢慢湮没在了历史的长河里，“我”好像都不太知道了。

儒家？对对对，就是这个强调积极入世、有所作为的儒家！就是这个对曾经的典范周朝做出过仔细分析的儒家！

当时的儒家代表是谁呢？

董仲舒！

历史让汉武帝和董仲舒相遇了。

董仲舒是谁呢？

董仲舒打小就是个爱学习的好孩子，西汉著名学者刘歆（xīn）称他为“群儒之首”。面对被阴阳家弄得神神道道的儒学，他认真研究，该剔（tī）除的剔除，该继承的继承。说简单点，就是继承了孔孟的儒学，但也保留了邹衍的某些思想观点。

董仲舒借鉴阴阳家天人之间会有感应的说法，提醒皇帝要勤政爱民。如果天降异象，那么皇帝就需要认真地问问自己有没有做错什么。

汉朝所有的皇帝都坚持如此，这真的是很好的事，不断自省（xǐng），才能不断进步嘛！所以说，虽然天人感应这说法有点神秘兮兮的，但董仲舒这样用确实是有积极意义的，至少皇帝做事不再那么无所顾忌了。

董仲舒还结合当时的新儒家思想，继续深入研究五行。他总结五行间的逻辑关系为：比相生，间相胜。

什么意思呢？

比相生，就是在木火土金水中，邻近的两个相生，木生火（钻木取火），火生土（火烧了木头变成灰土），土生金（聚土成山，山必生石，石中就有金矿石），金生水（金子熔化后变成液体），水生木（水能使花草树木生长）；间相胜呢，就是说，中间隔一位的两个元素之间，就相克。你这样写：木火土金水木火土金水，然后就知道金胜木（用金属的刀具就能砍断木头），水胜火（水能灭火嘛），木胜土（树木从土壤中吸取能量以生长，土壤的能量减弱），火胜金（达到熔点，火就能熔化金），土胜水（兵来将挡，水来土掩嘛）。正是这种作用力和反作用力互相推动、互相制约，开启了宇宙的运行。

董仲舒的主张有哪些呢？

孟子主张性本善，荀子主张性本恶。但董仲舒调和了两个人的矛盾，他说：其实性都是善的，恶的是情。

什么是性？就是本性。

什么是情？就是七情六欲。

他的意思是说，人如果纯粹（cuì）以感情行事，就会很冲动。冲动是魔鬼，所以要用理性来好好约束一下才对。比如说炸鸡翅好吃，可是煎炸食品不健康，到底是该吃还是该忍住？吃就是情，是冲动；忍住就是理性，但忍住可不容易，忍字头上一把刀啊！

人既然总有这样那样的欲望忍不住，那就该用社会秩序去制约。

什么样的秩序呢？

董仲舒提出了著名的“三纲五常”——三纲指君为臣纲、父为子纲、夫为妻纲。意思就是说，臣子应该听命于君王，儿子应该听父亲的话，妻子呢，应该按照丈夫的交代行事；五常指仁、义、礼、智、信，是儒家所提倡的做人的道德准则。

董仲舒全心全意为汉朝服务，而且特别难能可贵的是，他并无谄（chǎn）媚之心。他清醒地看到盛衰兴亡的天道，还提醒重用他的汉武帝说，你做得好，汉朝就维持得久。但也没有永恒的朝代，因为朝代更替是规律，你得心平气和地去面对。

是不是棒棒的？

确实，敢这样跟皇帝说话的人恐怕真不多。这就不仅仅得有看透历史规律的大智慧，还得有说出来的大勇气。毕竟，哪一个皇帝不喜欢人家说他的统治能千秋万世呢？

小结一下：

春秋时期儒家兴起，是子学时代（“子学”可理解为诸子之学。子学时代思想流派众多，各家代表人物皆被称为“子”）的开端；汉朝独尊儒术，是子学时代的终结。虽然此时的儒家思想较以往已经有了很多的不同，但主角仍是主角！

汉朝独尊儒术，仅限于官方。也就是说，你想从政当官，就必须得学儒学和六经。当然，私下传授其他各家思想，仍是大家的自由。

这种看似温和的制度设置，实际上把握住了问题的核心，那就是考核制度是人才选拔的核心，人才选拔是吏（lì）治的核心，吏治是国家治理的核心，国家治理是保天下太平的核心。所以说选拔制度从来都是一个用人的标杆，你需要什么样的人才，就树立什么样的标杆；反之，你树立了什么样的标杆，就得到什么样的人才。这个道理，真是古今通用。

是的，正是在大一统局面维持了400多年的汉朝，儒家思想慢慢奠定了它在思想界统治中心的地位。从此，以孔子为开端的儒家思想真正占据了中国思想界的舞台，甚至一度被称为“儒教”，孔子本人也从人慢慢变成了“神”。

后来几千年的帝国时代，虽然偶有以其他学说为治理模式的短暂阶段，但儒家思想却始终作为官方标杆而存在、发展，一直到清朝结束。

高高的太阳天上挂，这个太阳，就是儒家！

第三节 独尊儒术碰到了问题

当然，任何一种思想，如果走得太深，未免会过头——这时期的儒家思想也面临这样的问题。

这时期混杂了阴阳学说的儒家思想，越来越向着阴阳五行的神秘之处大踏步走去，搞得皇帝、贵族们不管干个啥工作都小心翼翼，非得去占卜一下，看是不是符合什么天命啊、运势啊、风水啊，否则一不小心就要“天人感应”，被上天惩罚。

嗯，据说那时候如有天灾、瘟（wēn）疫什么的，主管的官员就得受罚。哎哟，天要下雨，娘要嫁人，他们能怎么办啊！

厌烦了这种思想，西汉末年就有很多人站出来，说要把阴阳家的思想从儒家思想中剥离出去，恢复孔孟儒家的本来面目。

这时期的代表人物就是扬雄。

【扬雄和他的哲学主张】

扬雄很穷，五代单传，还有口吃的毛病。但他觉得穷不是啥问题，坦荡自然、清静无为就好。他没事就喜欢读读书、种种田。40 多岁时经人举荐也在京城做过官，后来回到老家四川终老。

扬雄反对掺（chān）杂了阴阳家的儒家，他认为不管是天上的事，还是地上的事，都是自然而然发生的，都是“道”的运动规律使然，是物极必反使然。所以，不要什么事都往神秘主义那边去靠。

你瞧，扬雄在探寻孔孟儒家思想的路上，又糅（róu）合了一点道家的思想。他说：“老子之言道德，吾有取焉耳。”嗯，不过老子的“道”，在扬雄这里叫“玄”。他还写了一本书叫《太玄》，可以视为对汉朝时期道家思想的继承和发展。

当然，扬雄还是以孔子为尊的，他一生都立志于恢复孔孟的正统儒学。他说：“说天者莫辩乎《易》，说事者莫辩乎《书》，说体者莫辩乎《礼》，说志者莫辩乎《诗》，说理者莫辩乎《春秋》。”看明白没？扬雄对孔子的喜欢是发自内心的！

嗯，扬雄主要反对的是阴阳家遇事就要占卜这一行为，他认为这根本就不是圣人该干的事。

有人曾问扬雄：圣人会通过天象来占卜吗？扬雄答：会的。

这人继续问：如果是这样，那跟汉朝以来的人做的有什么区别呢？

扬雄回答说：我们现在是用天象来占卜人的行为，圣人是用人的行为来占卜天。

扬雄还反对那些大搞长生之术的邪门歪道，认为生死本就是自然之道，人怎么可能超越生死？怎么可能长生不老？

结合儒家和道家的思想，反对阴阳家某些过度的行为，这大概就是扬雄主要的主张。可是，以扬雄一人之力，能荡尽盛行了几百年的阴阳之风吗？

答曰：不大可能！

扬雄自己也知道，所以他不急不慌、从容淡定，他相信以后总会有人懂的。

有没有觉得扬雄真的有点像战国时期的屈原？举世浑浊而我独清！

是呀，扬雄也很喜欢屈原，他很伤心于屈原自投汨（mì）罗江，他想跟屈原说，能不能被理解被重用，这都是命啊，你干吗非要跳江呢？

扬雄记得屈原，那后世有没有人记得扬雄呢？

有的！

比如唐朝的刘禹锡。

好吧，就在哲学界的各种争论声中，200 多年就这么过去了。弹指一挥间，雄浑繁华的大帝国西汉也变成了缩水的东汉。

西汉缩水为东汉，这是怎么发生的呢？

西汉后期，外戚干政越来越厉害，政治越来越腐败，土地兼并成风，社会动荡不安。该以天下为己任的皇帝呢，不按照理性的建议改良治理模式，而是笃（dǔ）信各种荒诞、迷信的说法。当时，有人对汉哀帝说：成帝不应天命，所以绝嗣（sì）。现在陛（bì）下久病不起，灾异屡（lǚ）现，正是上天对世人的警告。为了延年益寿，生育子女，杜绝洪水灾异，应当更改年号和帝号。

更改年号就能天下太平、民富国强?

瞧瞧，皇帝整天就被这些人围着，整日就相信这些东西，国家怎么可能好?

皇帝不务正业，皇帝身边的外戚就站到前台，当时汉王朝的实际控制者太皇太后王政君的侄子王莽就在此时出现在了历史舞台中央。公元 8 年，王莽篡（cuàn）汉，建立新朝，汉朝的上半场就此结束。

回望西汉这 200 多年的历史，先是汉文帝、汉景帝坚持黄老之术为主导思想而产生的文景之治；接着是汉武帝听从董仲舒的独尊儒术而产生的汉武盛世；后来是彻底打败匈（xiōng）奴、国内四海升平之时的昭宣中兴。所以说，除了最后 50 年，西汉其他时期的治理还是可圈可点的！

话说回来，王莽建立的新朝只维持了短短的 15 年，那时灾害频发，生活不下去的人们揭竿而起，爆发了“绿林赤眉起义”，王莽被杀。

你们别光顾着抢玉玺，关心一下老百姓吧！
我的！
都别跟我抢！
我的！
唉，真是乱死了！

乱世之中，汉朝宗室后裔刘秀趁势而起。公元 25 年，刘秀称帝，重建汉朝，定都洛阳，史称东汉。

经过王莽篡权、绿林赤眉起义，汉朝的气数其实已经大受影响，整个社会从恢宏的发展上升期开始进入到缓慢的下坡期。

当然，东汉也有过近100年的辉煌时期，但东汉中期之后，基本陷于外戚宦（huàn）官无休无止的争权夺利之中，整个社会态势一路下滑下去。

面对这样的历史大环境，大家可都看明白了，这朝廷呀，终归是靠不住的。乱世之中，肉身也可能随时会灭亡，只有心灵的安稳才是值得用心追求的永恒呀！

于是，这时候的人们又开始到注重个人心灵成长的道家学说中去寻求精神安慰。本来在文景之治时期就长时间滋润着人心的清静无为的黄老之学，再次遇到了合适的土壤。

这时候哲学的代表人物，就是比扬雄小 80 岁的王充。

【王充和他的哲学主张】

王充的先辈本是元城王氏之后，家大业大，声势显赫(hè)，可惜随着西汉末年王莽的失败，王家势力一落千丈。

可王家本来就是靠军功起家的，任性好斗，飞扬跋扈 (bá hù) 惯了，虽然家族衰落了，但习气难改，还是在乡里到处

抢掠，做着杀人越货的勾当。慢慢地，王家的仇家越来越多，最后不得已，一家人只好踏上了远离故乡的征途。

王充虽在这样的家庭长大，却对书籍情有独钟，这还真的是很难得！别看他的父亲到处抢劫，凶神恶煞的，可看见王充如此用功，却也是满心欢喜，还带着他去了学堂。

有学上的王充自然表现优异，不久，他就被录取到了太学。对，就是京城里面的大学。年轻的王充开心地坐在教室里，然而讲台上的老师讲的却是各种神仙、迷信、算卦之术。

王充很迷茫。

虽然在京城的太学没什么实际收获，但王充勤学好问、广泛阅读，确实增长了很多见识。他还在那里认识了很多好朋友，包括比他小 5 岁的班固。

学成之后，王充也做过几次小官，但都因官场腐败、同僚（liáo）相害等原因没有做长久，后来干脆辞职回家，专心著书去了。王充晚年时，汉章帝还派车来接他做官，被他婉拒了。

在这样的社会环境之中，王充追求心灵的平静、倡导道家思想也就没有什么好奇怪的了。但他又不是一味地照搬老庄的道家思想，也不是完全接受当时较为风靡（mǐ）的道教主张，他倡导的道家，其实是他自己批判继承来的道家。

他是怎么批判地继承道教的主张、道家的思想的呢？

第一，王充批评道教追求长生不老的主张——哪儿有什么死而复生？

王充说："火灭光消而烛在，人死精亡而形存。谓人死有知，

是谓火灭复有光也。隆冬之月，寒气用事，水凝为冰；逾春气温，冰释为水。人生于天地之间，其犹冰也。阴阳之气，凝而为人；年终寿尽，死还为气。夫春水不能复为冰，死魂安能复为形？”

文字写得很漂亮吧？嗯，从哲学角度来说，就一句话：人死了就是死了，不要再想死而复生这种没用的事。

第二，王充认为凡事要讲究实证——弥补了道家空讲理论的缺陷。

道家思想确是偏向于精神思辨，他们的理论是一环套着一环，一层推进一层，是通过大脑的思考来完成演绎归纳的。但王充说：“事莫明于有效，论莫定于有证。”啥意思呢？就是说凡事都得讲效果，确有效果的事，你不说，别人也都明白；凡议论思考，得有证据才能站得住脚。有实证，你的论辩自然可以因此确定。

第三，王充像他的前辈扬雄一样，也致力于剥离儒学中的神秘主义因素。他驳斥了董仲舒“天人感应”的说法，认为人不能以行感天，天亦不能随行以应人。也是啊，人和天各干各的事，天地只是自然运行，没有什么仁不仁的呀！所以天人感应的说法不过是人们以自己的想法去臆（yì）测天意的主观结果而已。

天就是天，哪有什么仁不仁的，不要胡思乱想。

是呀，本来董仲舒把天人感应讲给皇帝听，是想让皇帝对天意心存敬畏之心，不要恣（zì）意妄为。可是到后来这种感应之说确实走得有点远，变得神神道道，搞得人心惶惶，那就不太好了。

所以“适度”真是个好东西啊。

王充一生勤奋，著述很多，但只有《论衡》一书流传了下来，共85篇，其中《招致》一篇只有题目，实际只有84篇。梁启超在他的《中国近三百年学术史》中这样评价：“王充《论衡》实汉代批评哲学第一奇书。”

论衡
让
困死了。王充是个铁人吗？都不用睡觉的吗？
他还在为自己的论点找证据呢！这精神真让人佩服啊！

来，小结一下扬雄和王充：

冯友兰先生认为，就哲学思想的继承和发展来说，扬雄和王充两人的贡献都不算大。但他们两人结束了两汉思想以儒家与阴阳家混合的思想为主体，神秘主义浓厚的局面，开拓了魏晋以儒家与道家混合的思想为主体的道路，这或许就是他们在哲学史上的意义所在。

是啊，当普世之人都沉醉在迷信诡异之风的时候，还能独具一格保持清醒去思考别的路，这一点是很难得的。

第四节 土生土长的道教

也正是在东汉末年整体社会思潮倾向于道家思想的大环境之下，从道家思想衍生出来的、中华大地上土生土长的道教开始出现了。

道教的创始人是张道陵，相传是西汉名臣张良的八世孙。

道教的核心指导思想来自于道家的生命可贵之观点，但不同的是，道家认为生命虽然可贵，但生死终究是不可违背的自然规律；而道教却尝试追求长生不老。

这到底是怎么回事，咱们细说一下。

山川谷地之间，层峦（luán）叠嶂（zhàng）之上，中国风景最美的地方，几乎都有道教的影子——十大洞天、三十六小洞天、七十二福地，从北京白云观到广东罗浮山，道教几乎遍布中国大江南北。

在这么美的地方建立自己的道观，道教的弟子们都在想些啥呢？

创始人张道陵在乱世之中体会到保护生命的可贵，又在《道德经》里体悟到玄而又玄的养生之道，于是开始将身体安放于至美的天地山林之间，和大地山川、花草树木一起生长、共同融合，以期实现生命的无限延长。

那么，道教的主张都有哪些呢？

【道教的主张之一】

道教的观点是，人呀，不要操心那么多凡俗之事，没事就养养心、养养生。延年益寿多好！人能活得更久，好好地享受人世生活多好！

所以，道教自创立起就特别注重养生，追求长生不老。为此，他们认真钻研，用各种草药、矿物质混合在一起制作各种药丸，对，就类似于各种武侠片中可以解毒，可以延年益寿的那种小药丸。

为了延年益寿，道教的弟子们花费了很多精力去研究医学，所以道教的起点是以医载道，也有人说他们是“十道九医”——十个道士，有九个都是医生。

可他们慢慢发现，炼丹这玩意儿靠不住，而且现实中也确实没有一个成功的例子嘛！

不行，看来要长命百岁，得另想办法。

【道教的主张之二】

道教弟子们发现了内丹！

从仙草到仙丹，再到内丹，这是道教不懈（xiè）追求长生久视一路走过的足迹。虽然长生不老未得，但医术、冶（yě）炼术等副业却由此得到了发展，为中国医学、化学做出了大贡献。

那么，什么是内丹？

道教认为，人体内本来就有“大药”，如果我们能以此为据，炼成内丹，藏在丹田，那就可以延年益寿，甚至长生不老。然而，这个内丹看不见摸不着，炼没炼成，这事只有自己知道。

对啊，反正炼成了，也是藏在自己的丹田里，外人谁知道呢？

更何况，内丹这东西，也不是那么好炼的！

还有没有其他的办法呢？

【道教的主张之三】

性命双修！

性命双修？这又是啥意思？

性是指精神，命是指肉体。有人将性命双修比喻为灯与油的关系，性如灯，命如油。要想灯长亮，油就必须充足啊。当然，只有油而没有灯那也没用。对，要长生不老，就得精神、肉体一起修炼。

性命双修的阶段性目标呢，就是明心见性，意思就是看到你自己的内心；远大追求呢，便是“识道”。对，就是《道德经》里说的“道”，宇宙大道的“道”。

你瞧，道教绕了一个大圈，又遇到了道家学说中的“道”。

虽然本源相同，但与穷尽毕生精力追求精神自由的道家不同，道教追求的仍然是长生不老。他们相信，通过精神和肉体的双重修炼，在今世今地成仙也很有可能。所以，要好好练、经常练、静心练，直到练成神仙，就地飞升。

但是，具体要怎么修炼呢？

打坐和太极。

打坐是向内静心。打坐时，肢体保持完全静默，此时可以打通身体的经络（luò），在静中找到生命的真谛（dì）。

而太极呢，则是动，需勤加练习，打通身体经络，在动中找到养生的法宝。

一静一动，是道教的两板斧。

来，小结一下道教：

道教以识道为原则，以珍惜生命为核心，以追求长生不老为终极目标，以静坐和太极为途径。那么问题来了，如果静坐也静坐了，太极也勤加练习了，在与山川大地、花草树木、日月风霜的朝夕相伴中，宇宙大道也体会得差不多了，真的就能够变成神仙，就地飞升吗？

当然不能！成仙这回事本来就是迷信，是不可能的，这个世界上也没有任何神魔鬼怪。

不过人能通过修炼修养身心，但这最终还是要看天赋、看机缘、看蕴（yùn）藏在生命中的自然之力。

是不是感觉特别难？

确实难。

这么难的道教，有人相信、有人勤奋体悟吗？

有，而且还不少。

东晋时，道教就等来了葛洪。虽然葛洪在北回归线上的罗浮山修炼，与道教的发祥地江西龙虎山相隔了千里，但葛洪深信并长年累月和妻子一起践行着道教思想。

葛洪自号抱朴子，医术了得，一生悬壶济世，也接纳了很多信众，包括他的妻子鲍姑。他们两人在罗浮山上共同清修，体悟山川河流之秀，维护肉体凡胎之健，意求心境超脱悟道成仙。葛洪著有《抱朴子》，书中讲解各种养生之道。其《肘后备急方》搜罗了各种简单易行的治病良方，只需备一本在衣袖之中，急时取出参照便可。

葛洪和他的妻子鲍姑自然也无法成仙，但他对中国医学贡献很大却是铁板钉钉的事实。

道教很快又等来了家贫无依的黄大仙。传说他吃了老师葛洪炼就的仙丹而飞升得道，对凡人有求必应，灵验非常，直到现在仍然香火鼎盛。

道教还等来了孙思邈（miǎo），身为御医的他力劝唐太宗取缔（dì）炼丹之术，可惜英明一世的唐太宗却因迷恋长生不老之术而始终不肯，51 岁时因服用丹药而死亡。唉，不是都说了那个玩意儿不靠谱吗？唐太宗你为啥还要信呢？

明主已去，孙思邈失望之余跑到终南山隐居，信奉道教，专心静修，钻研医术，102 岁时去世。

道教又等来了诗仙李白。“天子呼来不上船，自称臣是酒中仙。”李白没有成仙，但他诗仙、酒仙的美名传诵至今。“仙乐满囊（náng），道书盈箧（qiè）”，便是他离开长安时的样子。

道教等来了袁天罡（gāng）和李淳（chún）风。他们二人通晓天地之道后合著了中华预言第一奇书《推背图》。

道教等来了“道君皇帝”宋徽宗，中国历史上艺术修养最深厚、审美情趣最高雅的皇帝。

道教等来了丘处机。丘道长一路西行劝谏（jiàn）成吉思汗，因说兵不嗜（shì）杀而免去万千生灵涂炭，康熙皇帝亦赞他以一言而救苍生，“始知济世有奇方”。

道教等来了自号“大痴道人”的黄公望。他以一幅《富春山居图》而传世，因信奉道教、追求超凡脱俗而使得画作意境高远，所谓景随人迁、人随景移，深受后人喜爱甚至有人不惜烧毁画作以殉（xùn）葬。

有没有觉得很多道教弟子的艺术创造力、审美力都挺强的?

这是为什么呢?

因为啊，他们在长期修炼、体悟的过程中，在和自然不断交融的过程中，切切实实地领略到了天地自然之美，所以道教中的佼（jiǎo）佼者虽然没有成仙飞升，其审美能力却都得到了实实在在的锻炼，反映在诗歌、书画等艺术作品中，那都是非同凡响，非常令人赞叹的!

第二章

魏晋南北朝：大分裂大融合时代的玄学与佛学

前面我们说过，东汉末年社会凋敝，国力日益衰微。

东汉最后一任皇帝汉献帝冒着九死一生的危险从长安回到废墟洛阳，却无处安身、形同乞丐，是曹操在这时候伸出援手，将汉献帝迎到了自己的地盘，好吃好喝伺候着，奉天子以令不臣。汉献帝也懂做人啊，就封曹操为大丞相，让曹操全权决定各种大事。虽然曹操大权在手，想当皇帝也就是一句话的事儿，但是曹操很聪明地选择继续维持这种状态 25 年，至死都没有称帝。

曹操的儿子曹丕（pī）在父亲死后按捺（nà）不住，逼迫汉献帝让出自己的帝位，自立称帝，建立魏国并追封自己的父亲曹操为魏武帝。

虽然曹丕称帝的心未免急了些，但如果曹丕不称帝，哪儿会有后来的三国鼎立？

好嘛，既然你曹家人可以当皇帝，我是汉王朝同宗同姓的老刘家人，难道不是更有资格吗？就这样，一年之后，老喜欢说自己是“中山靖王刘胜之后”的刘备也在诸葛亮等人的辅佐下称了帝，为表示自己政权的合法性，国号仍沿用汉，称为蜀汉。8 年之后，吴地的孙权也不甘寂寞，正式称帝，搞了个吴国。好吧，还差一个皇帝就够一桌麻将了！这就是历史上著名的三国鼎立时代。

没想到曹丕40岁正当盛年时就走了，他的儿子曹叡(ruì)继位，但是权力基本上被曹操的老部下、曹丕曾经非常仰仗的得力干将司马懿(yì)所把持。有人说司马懿是“乱世奸臣”，用呆萌骗过了曹操，用隐忍熬死了曹丕，又装病瞒过了曹叡，最终一击致命夺取了“曹氏江山”。但是这一击发生在司马懿死后，他的孙子司马炎确实没忍住，不仅自己坐上皇帝的宝座，还灭掉了其他两个国家，建立了晋朝，史称西晋。

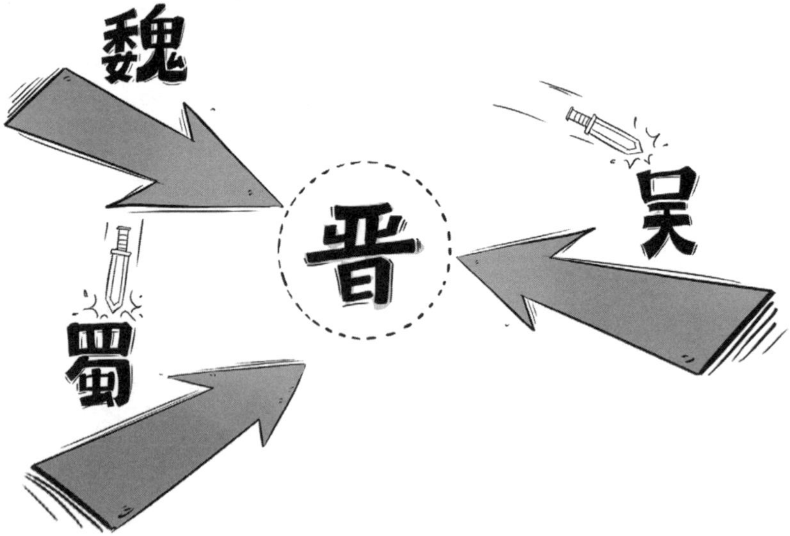

表面上统一的西晋（晋朝的上半场）只维持了近50年，北方各民族冲进关内，晋朝不得已只能向南撤退，司马炎的侄子司马睿（ruì）建立了东晋。就这样，以长江为界，北方称南方为南朝，南方称北方为北朝。北方游牧民族多，南方汉族多。可不管南朝、北朝，各地都还有不同的国家。这些国家经常你打我、我打你，好像又回到了战国时代。这场乱战前前后后持续了200多年。

乱确实是够乱的，但凡事总有两面。打仗、分裂的背后，其实是不断的民族大融合。直到公元581年，隋文帝建立隋朝，中国历史才再一次出现大一统的局面。

那么，在西晋到隋朝300多年比较混乱的历史中，哲学思想的发展也是以融合为特征的吗？

这个还得分两个阶段来好好说说。

第一段，三国到西晋。

一般来说，大统一状态下，皇帝为了巩固自己的统治，一般会采用儒家的思想，积极入世，努力发展社会生产；而处于分裂局面时，名士们则更倾向于出世的道家——如果无法改变社会，不如到山野间成就自我、娱乐自我（也是东汉末年追求个体心灵平静之哲学思路的延续）。这就是三国西晋时哲学界的大致状况——关注个体幸福。

第二段，东晋到南北朝。

鉴于其他民族哲学思想发展较为缓慢的现实情况，这一阶段起初基本上是汉族的儒、道思想独占鳌（áo）头。但随着融合势头的不断加强，佛学东渐的脚步也不断加快，先是佛经大量传入中国，先后出现了几个翻译大师；后是佛教中的禅宗一派代表菩（pú）提达摩远赴中国，在少林寺所在的嵩（sōng）山成功传道。

接下来，我们一段一段慢慢说！

第一节 三国到西晋盛行玄学：黄瓜藤上结了一个丝瓜

三国到西晋时期的大致状况，我们已经有所交代。现在我们想说的是，在这么混乱的时代，文人还能干点啥？哲学家还能思考点啥？大哲小哲，你们来干啥？

去河南找竹林!

为啥要去河南找竹林呢?

因为那里生活着“竹林七贤”——魏晋名士的集中代表，嗯，也是魏晋玄学、魏晋风度的主要代表。

【玄学与魏晋风度】

玄学是从哪儿来的呢？

还记得我们提到过的扬雄和他写的那部叫作《太玄》的书吗？这个“玄”其实就是老子、庄子说的“道”。

你瞧，魏晋名士和东汉时期的哲学家一样，都跑到出世的道家思想中来寄托心灵了。

但他们喜欢的，还是那个老庄的道家吗？

是，但不完全是。

玄学确实是道家这棵树上结的果，但又不像是道家这棵树该结出的果。总之这个果就有那么点与众不同，所以我们形容它是——黄瓜藤上结出的一个丝瓜。

什么意思呢？就是说它的根确实是打道家那儿来的——比如博闻多识、旷达疏放、纵情山野、关注个体幸福；但是后来呢，它在开花结果的过程中“变异”了——空谈玄学，玄而又玄；攀比吃药，自伤身体——这些都不是老子、庄子会做的事。

好吧，到底什么是魏晋玄学呢？魏晋风度又是个啥风度？我们去看看！

其实，他们读过的书比一座图书馆的都多！
好热闹啊，这些人怎么都不用上学呀？

既然时代这么乱，既然在政治上无法作为，那就好好享受生命吧！

魏晋名士最喜欢干的事，就是在竹林里喝酒睡觉、弹琴复长啸。当然，还有两件事是一定要干的：

第一是清谈——总要有点精神的追求嘛！但是谈什么呢？谈玄！玄是什么？就是天啊地啊大道啊人的心灵啊这些务虚而无法实践的东西；

第二是吃药——魏晋名士认为吃药能让人变得肤白貌美，他们对此非常看重。什么药呢？五石散。这其实是一种毒药，而且吃了之后，就全身发热，发热之后又发冷。因为皮肉发热，不能穿紧身的衣服，于是宽大的衣服就开始流行起来。

关于他们的趣事，我们随意挑几件来说说，逗大家一乐。

【魏晋名士趣事—箩筐之王粲】

“建安七子”之一的王粲（càn），很有才华，就是有个特殊的癖（pǐ）好——喜欢听驴叫！他死了以后，曹丕带着一帮文学社的人去坟前祭奠——注意了，全体站好，开始学驴叫！于是坟前一片奇怪的驴叫声……

【魏晋名士趣事—箩筐之嵇康】

“竹林七贤”之一的嵇（jī）康不愿意出去做官，就给邀请自己做官的朋友山涛（字巨源）写了一封很生气的绝交信——《与山巨源绝交书》，里面各种纯真可爱耍赖皮，说来说去就是一句话：你讨厌！我不想当官，你再强求我，我就和你绝交！

【魏晋名士趣事一箩筐之阮籍】

阮（ruǎn）籍的趣事就更甚了，他连上下古今也不承认。他的意思是，天地神仙都是无意义的，一切都不要；世上的道理也不必争，神仙也不足信。好吧，既然一切都是虚无，就只有喝酒了。

当然阮籍喝酒还有一个原因，就是当时的环境。那时候司马氏已经有了篡位的想法，所谓“司马昭之心，路人皆知”。有名气的阮籍影响力越大，就更不方便发表什么看法，于是只好多饮酒、少讲话，而且即使讲话讲错了，也可以借醉酒得到原谅。

司马昭想和阮籍结亲，可阮籍一醉就是两个月，根本就没有给他当面提亲的机会。

【魏晋名士趣事—箩筐之何晏】

何晏有两件事是很有名的：第一，他喜欢空谈，是空谈的祖师；第二，他喜欢吃药，是吃药的祖师。不过，他吃的可不是寻常的药，而是五石散。

五石散是一种毒药，是何晏带头吃的。汉朝的时候，大家还不敢吃；何晏聪明，将药方略加改变，便开始吃了。吃了五石散之后不能休息，非走路不可，因为走路才能将热“散发”出去，所以就把走路叫作“行散”。走了之后，全身发热，发热之后又发冷。

为了预防皮肤被衣服擦伤，还必须穿宽大的衣服。一帮名人都吃药，穿的衣服都宽大，于是不吃药的也跟着他们学，也都穿起宽大的衣服来了。

【魏晋名士趣事一箩筐之刘伶】

“竹林七贤”之一的刘伶，放荡不羁，通达生死，天天喊什么“死便埋我”。

有一天，有人去拜访刘伶，适逢他喝醉了酒，一丝不挂地在屋里乱晃，不禁讥讽刘伶：“你也是懂礼教之人，如此行径成何体统？”

刘伶一听，颇不以为然地反唇相讥：“我以天地为房屋，以房屋为衣裳，倒是你，你怎么跑到我的裤子里来了？”

客人听了瞠（chēng）目结舌，无言以对。

咦，你怎么跑到我裤子里来了？
您的衣服！
刘伶
你……你……你，这成何体统？

上面故事里的这些人物，王粲、嵇康、阮籍、何晏、王弼（bì）、刘伶等人，在当时那可都是鼎鼎有名的，不仅是时尚潮流的代表，而且还是社会思潮的代表。

也就是说，他们不仅会耍帅，还写得一手好文章；不仅有一手好文章，思想还都挺前卫、挺深刻。

比如说何晏、王弼就曾经对《道德经》做过比较系统的讲述。也就是说，《道德经》里面的某句话是个啥意思，他们都按照自己的理解进行了讨论、注释。当然，也有发展。

比如《老子》说“天地不仁，以万物为刍（chú）狗”，王弼就说天地其实也没那个意思，不过万物各有其道、各适其用而已。

比如道家以无为体，以无用为用。王弼就把它具体化：人啊，要灭掉所有的私心，要有像天地一样广阔的胸怀；要虚，就是要放开怀抱，包容接纳万物。如此，四海之内就没有人不尊重你，远的近的没有人不拥护、帮助你。

比如何晏认为圣人是没有喜怒哀乐这些情感的，王弼就认为不对。他觉得圣人也是有五情的，只不过圣人是“应物而无累于物”——大概就是说，碰到开心或不开心的事，圣人也会有情绪，不过他们的高明之处在于，不会让这种情绪持续太久或者伤到自己。

可见，魏晋名士还是对道家思想做了很认真的研究、理解的。那么对儒家思想，他们是怎么看的呢？

他们发现了一种理解儒家思想的新方法。对，以道家的视角来看儒家。

什么意思呢？

比如《论语》中说统治者应该加强教育、管理的作用：“导之以德，齐之以礼，有耻且格。”魏晋名士就注解说，如果用政治来约束，人们就只好改变自己来顺从；如果用刑罚来“齐物”，人们也就取巧逃避，结果是行为上按照你说的做了，可是心里根本就没有被真正教化，于是巧妙地回避了刑罚而心里却完全没有羞耻之感。

唉，这主要还是因为过度的干预让他们失去了自然的本性。所以嘛，只要“导之以德”就好了，“使物各得其性，则皆用心不矫其真，各体其情，则皆知耻而自正也”。意思就是说，只要用道德来教育、引导大众就好啦，这样他们既知道什么是真善美，又不会因为害怕刑罚就掩饰自己的本性。渐渐地，他们就会知道什么是耻辱的事情，就不会再去做啦！

那他们对儒家的礼教是怎么看的呢？

魏晋时期，看上去崇尚礼教的人，其实很多反倒是破坏礼教的人；表面上不屑礼教者，实际上却是深爱礼教的人。

怎么说呢？

因为有些崇尚礼教的人，只不过是用礼教做借口，来为自己谋福利罢了。

所以，魏晋名士很生气，开始不谈礼教，甚至反对礼教。但是连鲁迅都说，其实他们的本心，恐怕倒是最相信礼教的。

魏晋名士们谈玄谈得很好，但他们的血液中仍然顽强地流淌着儒家的基因，所以他们也真是矛盾啊！就算血液里的儒家声音呼喊得再大，可真要冲入社会，他们还是什么都做不了，因为时代已然变了呀！他们知道，所以他们不冲。

但未来总会好起来的，所以放荡不羁（jī）的他们对自己的孩子却很严格，绝不让孩子和自己一样放任地生活。

不信你来瞧，嵇康就是这样教育儿子的：官员送人时，你不要跟在后面，因为将来别人被批评时，就会怀疑是你告的密；酒宴时碰到有人争论，不要在旁边看，要走开，因为两者之间必有对与不对，如果你在旁边看，不批评则不像样，一批评就要判断是非，不免受一方见怪；别人劝你喝酒，你即使不愿意喝，也不能拒绝，而是要谦卑客气地端起杯子……

这分明就是儒家谨慎的为人处世之风嘛！

但是，对魏晋风度也有持完全不同观点的人，比如陈寅恪先生。

陈寅恪先生在《天师道与滨海地域之关系》一文中曾说过这样一段话：“东西晋南北朝时之士大夫，其行事遵周孔之名教，言论演老庄之自然。玄儒文史之学著于外表，传于后世者，亦未尝不使人想慕其高风盛况。然一详考其内容，则多数之世家其安身立命之秘，遗家训子之传，实为惑世诬民之鬼道。”

嗯？啥意思？

意思是说，魏晋名士的思想实质上不是老庄之学，也不是儒学，而是“惑世诬民的鬼道”。有兴趣的人可以找陈寅恪先生的这篇文章来读一下，以做辅助（原文收录在他的《金明馆丛稿初编》一书中）。

第二节 东晋时佛学东渐：辛苦翻译佛经的几位大师

西晋时期，社会风气败坏，上层统治者也不懂得勤政爱民。慢慢地，西晋就衰弱下去了。再后来，西晋被自己内部的“八王之乱”搞得乱七八糟，北方的一些游牧民族趁机南侵。

一看形势不妙，西晋宗室司马睿带队南迁，在长江以东，也就是南京一带建立政权，史称“东晋”。因为长江在安徽境内向东北方向斜流，这一段的长江以东也称为“江左”，所以也经常以江左代称东晋。

而那些游牧民族就在北方建立了许多政权，比如前秦、后秦、西秦、前燕、后燕、南燕、北燕等，与南方的东晋相对峙（zhì）。

这种对峙形势大概持续了100年。在这100年间，过去的中原乐土深陷于无尽的战火之中，百姓心里苦得就像黄连一样。此时，宣扬因果循环、业报轮回的佛教开始登上历史舞台。

【鸠摩罗什来到中国】

坐标北方，氐（dī）族人建立的前秦。

此时前秦的国王是苻（fú）坚，这个人是个野心家，仗着兵强马壮，到处打仗抢地盘。

公元383年，他派自己的手下吕光率领部队往西走，去征服龟兹（qiū cí）国，临走时交代：一定要把龟兹国的鸠（jiū）摩罗什（shí）请回长安，带我们一起学习佛学。

哎哟，不明白，天天打仗杀人的人，为啥要学习佛学呢？

因为，苻坚也听说了鸠摩罗什这个人，知道他的声望很大，所以希望请他来，帮助自己好好地治理国家。

话说吕光当年顺利拿下龟兹，带着鸠摩罗什准备回长安。没想到队伍刚刚走到甘肃，却听说苻坚被人杀了。

于是吕光干脆就在甘肃自己称了王。为了宣扬佛教，他还给鸠摩罗什建造了寺庙，鸠摩罗什也是在那里跟汉人学习汉语、传播佛学、翻译佛经。

也正是在这段时间，陕西的僧肇（zhào）远远地跑来跟他学习，成为他在中国的第一个弟子。

再后来，吕光病死，后秦皇帝姚兴把鸠摩罗什请到了长安。在长安，鸠摩罗什在宣扬佛法之外，还组织人员进行了更大的佛经翻译工程，比如《金刚经》《妙法莲华经》等。因为他同时精通梵（fàn）语和汉语，所以翻译工作干得非常棒。据说他翻译的经书，没有人可以改动一字呢！

真是厉害！

这都是我们翻译的佛经。
都是从梵文翻译成汉语？真是太牛了。
哇，这么多书！

【鸠摩罗什的弟子僧肇】

僧肇（zhào）是地地道道的中国人，家贫，熟悉道家，很喜欢将佛家的《维摩经》与道家结合起来解释。17 岁时，僧肇从陕西跑到凉州做了鸠摩罗什的弟子，鸠摩罗什称其为“中华解空第一人”。

僧肇主张宇宙万法都由因缘会合而生，未生就无有；因缘离散时万法就毁灭，所以并非真实有——比如说一座房子，土木结合就有了，土木散去后就没有了。以此类推，万法虽现有而性常自空，所以称为“性空”。

难道什么都是空?

僧肇主张性空，用今天的话说就是，如果一个人知道眼前存在的东西并不是永恒的，就不会再那么执着，世界就少了很多纷争、仇恨，大家都可以平和地生活。这样说似乎也有一定的道理呀。

【遇见支道林】

支遁，字道林，本姓关。关氏家族世代奉佛，所以他小时候就深受佛法熏陶，又很有慧根，常有见解。他学习佛法拜的师父似乎是西域人，他这个“支”姓其实是跟随师父姓的。

有一次他和人讨论什么是逍遥，对方说：“各适性以为逍遥。”支道林说：不然，夏桀（jié）和商纣（zhòu）王以残害为性，如果像你说的，那他们也很逍遥喽？如果他们的逍遥是让百姓受苦，那就不是逍遥了。

他后来还专门为庄子的《逍遥游》做了注解，大家看完纷纷点赞呢！那么支道林眼中的“逍遥”到底是什么意思呢？

就是“物物而不物于物”。意思就是说，作为人，你要使用、利用各种物，但不要被物所辖制，不要因为物而去损伤自己的身心。

支道林的家族也是跟着晋朝皇室从北方跑到南方安家的。当时建康谈佛之风盛行，他深懂老庄之学，又很会谈玄，经常以此结交各方名士。

谢安在吴兴任太守时曾给支道林写信说，我思念您已经很久了，天天计算着时间，希望能见到您。听说您要到剡（shàn）县去，我感到很怅然。人生短暂，顷刻之间一切风流得意之事都将成为过去。我终日忧心忡（chōng）忡，触事惆怅，唯恐您迟迟不来。我等待着我们的会面，等一天就像一千年那样漫长。这里多有山水，环境优雅，可供疗养，各方面都不比剡县差。望能前来，以解思念之苦。

瞧瞧，连李白尊崇的谢安都这么崇拜支道林呢！

王羲之当时在会稽（kuài jī）做内史，早就听说过支道林的名声，但他并不相信，认为这不过是人们的传言，不足为凭。

后来支道林到剡县路经会稽，便去拜访了王羲之。

见面后，王羲之对支道林说："您注释的《庄子·逍遥游》可以给我看看吗？"支道林就拿出他的注文。这篇注解洋洋千言，才思文藻新奇，简直惊世骇俗，看得王羲之又惊又喜，恋恋不舍，不愿支道林离去，还请支道林住到离他不远的灵嘉寺，以便随时往来呢！

听说您给
《逍遥游》
做了注释？
是的！
王羲之

【道安你好】

据说高僧道安因为形貌黑丑，出家之后不为他的剃度师所重视，叫他在田地里劳作，而他没有一点怨色，几年之后，才向剃度师要来佛经细读。

佛教初传中国时，为了适应国人的思维模式，常常援引国人熟悉的老庄术语来加以诠（quán）释，这个在当时称为“格义”。道安早年也用这个办法解释佛理，但他后来意识到以“格义”理解佛义确实有局限，而且容易产生误解，于是决定脱离老庄视角，以佛论佛。

道安跟僧肇有点像，也提倡性空之说。他还确立了僧众的戒规，主张僧侣以“释”为姓，后世都遵行他的倡议。他自己的弟子也很多，遍布南北。

哎哟，原来僧侣姓“释”是从他这里来的哦！

道安对佛学的贡献还不止于此呢！

当时，印度的佛经大量传入中国，翻译就成了一件重要的事。但是翻译人员水平不一、理解不一，又辗转传抄，造成了参差不齐、错误层出的情况。于是道安广泛搜求各种译本，进行筛选整理，编纂（zuǎn）出《综理众经目录》，又称《道安录》，为喜欢佛学的人提供了一本好教材。

汉朝末年到两晋这段时间，政治混乱、民不聊生。普通老百姓在现实生活中找不到出路，于是就在佛学中寻求寄托，寻求心灵的安慰——这是佛教盛行的主要原因。

而且，早期的佛教教义正好契（qì）合了老百姓的心理需求。佛教传入中国的早期是以小乘为主，它主张的是人死后精神不灭、因果报应、轮回等。这种教义正好给现实生活中受尽苦难的人们以来世的希冀（jì）。

当然，得到统治阶级的支持，也是当时佛教能够广泛传播的主要原因。

现实中的苦难一日不灭，人们对宗教的需求就不会结束。在接下来的南北朝，人们还喜欢上了佛教中的禅宗。

第三节 南北朝的禅宗：菩提达摩到达嵩山

南北朝是怎么回事呢？

前面不是说过，北边是游牧民族政权、南边是东晋，南北对峙大概持续了100年吗，可是100年之后呢，情况变了！

公元420年，刘裕（yù）取代东晋皇帝建立刘宋王朝，历史开始进入到南北朝时期。

接下来的事，基本就是在南北两个圈子里，各闹各的。

北朝先后是北魏、东魏、西魏、北齐、北周等数个王朝。北魏、东魏、西魏及北周均由鲜卑族建立，北齐则由鲜卑化汉人所建。

南朝呢，先后有宋、齐、梁、陈四个国家。因为更替频繁，每个国家存在的时间都相对较短，最长的不过59年，最短的仅有23年。

南北朝就这样继续长期对峙，一共延续了170年，直到隋朝统一天下。

佛教在东晋传播得风生水起，等到了南北朝，天下还是以打打闹闹为主基调，老百姓心里苦啊，看来还是需要继续用佛学来安慰一下自己。

对啊，如果来世能过上好日子，这辈子受点苦就受点苦吧，至少这心里头还能有个指望不是？

巧的是，一边是老百姓需要佛教的安慰；一边呢，就有一个印度高僧亲自来传教。

南北朝时期，一位叫作菩提达摩的高僧自印度来到中国，后又从广州到达河南。相传他是佛传禅宗第二十八祖，为禅宗在中国的流传做了很多贡献，因此他也被称为中国禅宗的始祖。

菩提达摩创立了汉传佛教中的禅宗一派，主张顿悟，也就是佛家常说的“放下屠刀，立地成佛”。

有一次，他看到几个人一直在坐禅，希望能借静坐禅悟，他便拿起一块砖坐在旁边磨起来。大家很好奇，就问他：你在磨什么？他说：我想磨一面镜子。大家笑了，哎哟，砖怎么能磨成镜子？达摩说：既然砖不能磨成镜子，你们就这么坐着怎么可能得道？大家听完都有所悟。

（备注：这个故事流传甚广，很多人说主人公是菩提达摩，但也有人说这个典故出自于晚唐高僧南岳怀让，是他与马祖道一的一段对话。）

据说他到中国后，觉得机缘未到，就一直往北走。

后来，菩提达摩来到嵩山少林寺后面的一个石洞里，面壁9年，等待可以传法的弟子出现。

一日，一个年轻人来到洞外，在雪地里跪了三天三夜。达摩见他有诚心，就问：你想求什么？

年轻人说：求祖师为我安心！

达摩说：把心拿来，我为你安。

年轻人说：我找不到我不安的心呀！

达摩微笑说：我已经为你将心安好了。

后来这位年轻人就成了达摩的弟子，法号慧可，也就是中国的禅宗二祖。

因为禅宗一派所主张的靠近佛法的途径非常简单灵活，

所以深得国人喜欢，于是发展最快，信众很多。而且慧可将印度的禅宗与中国人自己的审美结合起来讲，国人一听也就明白了。可以说，从慧可开始，禅宗真正变成了中国人自己的宗教。我们现在所说的禅茶一味、一花一世界、一叶一菩提，其实都是禅宗流传下来的。

禅宗在中国，经二祖慧可、三祖僧璨（càn）、四祖道信、五祖弘忍、六祖慧能的大力弘扬(尤其是慧能)，终于一花五叶，盛开秘苑（yuàn），成为中国佛教的最大宗门。

来，小结一下。

前面我们说过，分裂状态的魏晋南北朝刚好处在两个大统一时代的中间——前面是统一了 400 多年的秦汉时期；后面呢，是统一了 300 多年的隋唐时期。夹在两个统一时期的魏晋南北朝，是中间那个艰难的过渡期、求索期。对呀，大好的昨日已经逝去，向往的明天尚未到来。

在这段漫长的求索中，人们需要精神寄托，于是玄学兴盛起来，佛法翻译起来，禅宗宣讲起来。对呀，因为人们对大时代无能为力，所以只能用这些思想来安抚自己的内心，让自己可以不那么焦灼(zhuó)地度过艰难时世中的短暂一生。

这也是哲学的基本意义吧?

第三章

隋唐时期：儒释道并存

第一节 短暂统一的隋朝：儒佛并行

从东汉末年到隋文帝统一全国，369年的混乱终于结束了！

是啊，分裂得那么久，也该统一了。

天下大势，合久必分，分久必合嘛！

只是没想到历史的重担落在了他的身上——北周暴虐荒淫之主宇文赟（yūn）的岳父杨坚！

那是公元580年的一个深夜，宇文赟病死，其岳父杨坚被召紧急入宫，总揽国事。次年，杨坚废了宇文赟的儿子，自立为帝，建立了隋朝。

当了皇帝的杨坚那真是兢（jīng）兢业业、勤勤恳恳啊，在他的妻子独孤伽（jiā）罗（对，就是西魏高官、翩翩佳公子，被称为“天下第一岳父”的独孤信的七女儿。她人美才高，与隋文帝相守相恋了45年）的帮助下，步步为营，日夜筹谋，用了9年的时间，才最终统一了天下。

为什么他仅仅用9年的时间就统一那个乱了369年的天下呢？

最重要的原因便在于“仁政”二字：隋文帝不仅自己节俭得像一个贫农，还减轻了徭（yáo）役，尽量让百姓休养生息；又制定法律保障人民的生命财产，在土地、户籍、用人等方面做了一系列的改革。对了，他还把服徭役的年龄从之前的18岁到59岁改成了21岁到50岁。

史学家范文澜曾评价说，隋朝的这些条文是古代最进步的法律，所以唐以后各朝，多沿用隋律。

嗯，还不止于此呢。

隋文帝废除了以门第为标准决定谁可以做官的九品中正制，代之以科举制，也就是说，谁学习学得好，谁成绩考得高，不管出身如何，都有资格来做官。

一切是不是都非常完美?

隋
隋文帝
那都是因为隋文帝的儿子隋炀帝。
为啥这跟我以前听说过的隋朝不太一样？

是啊，这样一个看上去会走得很远的王朝，为何突然说亡就亡了呢？

关键在于隋文帝的儿子，历史上著名的荒唐皇帝杨广。

杨广呢，据说是急不可耐地杀死了自己的父亲，急忙忙登上了皇位。

做了老大之后，他干了三件大事：一是迁都洛阳，二是开凿运河，三是对外侵略。

你说说，这三件事，哪一样不是耗费劳力的苦差事？穷人被逼得甚至自断手足——当时称为“福手福足”，因为手脚没有了就可以躲避徭役，也算是幸福的事。徭役过重，人民生活的惨状可想而知！

爸爸辛辛苦苦 20 多年积攒的财富和实力，儿子放在脚边，还没用力，就踢没了！

后来，对外侵略屡败，人民起义频发，杨广的统治眼看着不行了，他自己也是怕得要死，经常失眠或睡着了突然惊醒，大喊有贼来啦，得由几个妇人慢慢摇着，才能睡会儿。

杨广在位 14 年后，终于在等待死亡的惴（zhuì）惴不安中被他的亲信杀死。好吧，至少从此以后，他再也不用担惊受怕了。

隋炀（yáng）帝真的就像唐人给他的谥号“炀”那样不堪吗？

“炀”是什么意思呢？

贪恋女色不遵礼法就是炀，破坏礼制背弃公众就是炀，违背天理虐待人民就是炀。一句话：坏透了！

然而，如果你走近了细看，历史关于他，其实还有另一种完全不同的视角。

他开凿运河，便利了南北交通；他在大雪纷飞中亲自踏上河套平原的土地，接受他国礼拜，扬大隋声威；他支持对外贸易交流，打通洛阳到西亚的通商之路。

是呀，所以他到底是荒诞懦（nuò）弱的隋炀帝还是励精图治的杨广？

很难说清，但是可以确定的是，他真的是历史上非常有争议的一位皇帝。

那杨广死了之后呢？

之后，杨广的表哥，也就是独孤信的四女儿所生的儿子、隋文帝杨坚曾经的御前带刀侍卫李渊，扔开了杨广的儿子们，掌握了政权，建立了唐朝。对，历史上赫赫有名的唐朝。

结束三国两晋南北朝分裂局面的隋朝，感觉就像是专门负责为盛唐来打前站的，就像短暂的秦朝好像是为汉朝打前站一样。

现在来说说隋朝的哲学思想。

一方面，隋文帝施行各种仁政，积极治理刚刚统一的天下，这肯定用的是积极入世的儒家思想啦！

另一方面呢，在积极入世、重图大业的同时，隋朝还延续着南北朝时期的佛学思潮。

何以见得隋朝还延续着佛学思潮呢？

看看那时敦煌莫高窟热火朝天的建设场景就知道啦！

敦煌莫高窟是世界上现存规模最大、内容最丰富的佛教艺术地。它是怎么来的呢？相传公元 366 年，有一位叫乐尊的僧人路经鸣沙山，忽见金光闪耀，如现万佛，于是大喜，在岩壁上开凿了第一个洞窟。

后来的人们为了表达对佛的敬意，也为了祈求保佑，就继续在鸣沙山上开凿佛洞，供奉诸佛。比如北朝时期的王公贵族就经常出资修建。隋朝的时候，随着丝绸之路的打通（隋炀帝的重点项目），莫高窟的洞窟建设就更热闹了。

来，小结一下隋朝：

短暂的隋朝，似乎人们还没怎么来得及规划更长远的未来，房子刚刚修好，佛洞刚刚挖好，官员们的衣服刚刚做好，突然就宣布解散了！

历史的洪流啊！

但也别急，下一个到来的唐朝，可真的是恢宏壮观、繁华富丽呢！

感觉隋朝
真的好短
暂啊！
快点，去
唐朝找李
白、杜甫
玩儿喽！
隋
唐

第二节 海纳百川的大唐：儒释道三家并存

在短暂的隋朝之后，中华民族又迎来了一个盛大的大统一大融合的王朝——唐。贞观之治、开元盛世……唐朝的繁华真是不必多说，是个中国人都知道！

好，只说两点与哲学主题有关的。

一是唐朝沿袭了隋朝的科举制度，这就好比在不同的社会阶层之间立了一把长长的梯子，让每个人都有努力的目标和改变命运的可能。

科举考试的目的是为政府选拔官员，不用说也知道用的肯定是儒家标准——总得有人积极干活啊！都像竹林七贤那样，社会怎么有序运转？

也就是说，在万象更新的唐朝，思想界是以儒家为主基调的。高高的太阳天上挂，那个太阳又回来了！

但开放包容的唐朝同时也是海纳百川的。在官方使用儒家标准的同时，沿着魏晋南北朝一路走来的道家、佛家也都赶到了哦！唐朝也都一并接纳下来。是的，儒释道就这么聚齐了！哪个好信哪个，哪个实用信哪个。真的，没关系！

不信你看，初唐的房玄龄践行的是儒家思想，经常为李世民诊病的孙思邈坚持的是道家思想。

盛唐时的李白是道家的代表人物之一，他注重个体的精神世界，追求自我的人生圆满。是的，李白可是在山东济南的紫极宫认真受过道箓（lù）的——道箓即道教的符箓，凡入道者必受箓。

和李白是好朋友的杜甫呢，就是儒家思想的实践者。他关心百姓疾苦，操心国家安危。

和李白一样大的王维呢，则是佛家思想的信仰者。他身处山野林间，安然恬（tián）淡。

中晚唐的韩愈，应该说，是个坚定的儒家思想的信仰者。

这就是海纳百川的大唐，是儒释道三家并存的一个空前多元化的大融合时代。

那么佛家在唐朝的发展到底如何？儒家在此时又有什么新发展？

让大哲小哲带你慢慢看。

第三节　禅宗广受欢迎：六祖慧能的了悟之路

这一节，我们主要来说禅宗。

为啥主要说禅宗呢？还有唯识宗、密宗等佛教派别，为什么不说？

嗯，因为禅宗一派的主张与国人心灵最为契合，还有它简单灵活的修行之法，也深得信众喜欢。可以说，佛教流派在日后发展最快、信众最多的确实非禅宗莫属。

此时，传承禅宗的人都有谁呢？嗯，有四祖道信、五祖弘忍，还有六祖慧能。鉴于六祖慧能在禅宗流传上的重要意义，我们这里主要说说他的故事。

六祖慧能本是个砍柴郎，住在广东偏远的山村，与母亲相依为命。他是一字不识的，有一次卖柴偶然听到有人诵读《金刚经》，一下子心有所动；心动然后行动——向湖北出发！

他跑到湖北找到五祖弘忍。五祖问他：南方多蛮夷，你怎么跑来学佛法？他说：南方人跟北方人可能生活习惯不同，但心不还是一样的吗？五祖知道他有灵性，下决心要好好磨炼他。

就这样，他一连舂（chōng）了八个月的米。

五祖觉得自己老了，需要找一位传法人，于是出题让大家都写一首偈（jì）子（佛经中的唱诵词）来说说自己的参悟。跟着五祖几十年的神秀写道："身是菩提树，心若明镜台。时时勤拂拭，勿使惹尘埃。"

大家纷纷叫好！

虽然大家纷纷叫好，但五祖认为神秀并没有彻悟。有没有彻悟之人呢？我们且往下看。

不识字而有所悟的慧能请人在墙上写了这么一首诗：“菩提本无树，明镜亦非台。本来无一物，何处惹尘埃？”

五祖见后很高兴，知道慧能已经彻悟，于是将衣钵（bō）传给慧能，并叫他连夜离开，一直往南走。

后来，慧能就在广东的南华寺传教，这就是禅宗的南宗一派；而神秀呢，就继续在北方传教，成为禅宗的北宗一派。

南宗主张顿悟，北宗主张渐修。

南宗在广东民间影响较大，北宗在长安朝廷影响很大。

笃（dǔ）信佛教的武则天还曾派人去请慧能，但是慧能婉拒了。他说，我更喜欢在山山水水之中悟道，在和凡俗大众的交往中宣扬禅道。

其实，慧能的决定对南宗后来的发展是非常重要的。因为 100 多年以后，唐武宗大举灭佛，以长安为主要阵地的各个宗派几乎全部被灭。据记载，44600 余所寺庙被毁，26 万多僧人被迫还俗。而以南方为根据地，不靠朝廷供给，自耕自种，农禅并作，靠游方僧传教的南宗却安然无恙，继续发展。

慧能的弟子神会是一个很有修为的人。有一天，慧能告诉弟子自己将要离去，大家都哭了，只有神会不哭。慧能说，你们哭是因为不知道我要去哪里，如果知道，便不应哭泣。我自知道我的去处。

后来，神会走出南方，来到北方，在长安结识各路文化名人，南宗一派迅速流传，影响颇大。官方在认可南宗及神会为七祖的同时，也正式追认慧能为六祖。

那个时候王维、柳宗元、刘禹锡等文化名人跟神会都是关系很好的朋友，还分别为神会的师父六祖慧能撰（zhuàn）

写了碑文。

瞧，正是因为神会等人的努力，禅宗一派在北方的发展与影响迅速得以扩大！

后来，曾经做过禅宗小和尚的陆羽还将禅入茶，写出了《茶经》一书，由此，支遁和尚首先提出的“禅茶一味”得到更多人的体悟，禅也通过茶更广泛地进入普罗大众的生活之中。

禅宗将茶与禅悟结合起来，叫作“禅茶一味”，也就是在喝茶的过程中体会禅的意境；少林功夫呢，还将武术与禅悟结合起来，叫作“禅武”，就是在练武的过程中体悟禅的境界。

是啊，禅宗强调的本就是不离当下，当下一切都是禅，当下在做的一切事情都可以成为修行的重要法门，所谓“不离当处常湛然”。

当下所做的一切事情都可以成为修行的法门，这也太简单容易了吧?

钱穆说：“如此的简易方法，使此下全体佛教徒，几乎全向禅宗一门。”

是的，禅宗让国人第一次明白：哦，原来每个人都可以通过日常万物来体悟佛道呀！于是大家都来学，都来体悟了。

禅宗，是佛家的基本精神与中国传统文化融合得最为成功的典范。而六祖慧能著的《六祖坛经》也是佛经之中唯一一部由中国人自己创作而非翻译的佛经。

当然，禅宗在中国如此兴盛不仅因为它的学习方法简单、日常，其实，这其中还有更深层的原因。

陈寅恪先生在为冯友兰先生的《中国哲学史》撰写审查

报告（三）时说道：“释迦之教义，无父无君，与吾国传统之学说、存在之制度，无一不相冲突。输入之后，若久不变易，则绝难保持。是以佛教学说能于吾国思想史上发生重大久长之影响者，皆经国人吸收改造之过程。其忠实输入不改本来面目者，若玄奘唯识之学，虽震动一时之人心，而卒归于消沉歇绝。”

那么，深得国人喜欢的禅宗，到底说了个啥？

【尝试解读《六祖坛经》之一：人要找到自己的法身】

佛家很强调色身和法身。色身，也就是人的肉身，是无常的，有生有灭（所以我们常说人生无常啊）；而法身呢，是永恒的，它不生不夭（yāo），不垢不净，不增不减。

色身天天可以看得到摸得着，但色身能够带给一个人的快乐是浅显而短暂的，比如说眼睛看到的美景、美色，嘴巴尝到的美食、美酒，耳朵听到的音乐，手摸到的柔软丝绒等等，这些虽然也能给人带来快乐，却经不起长久地回味，也经不起岁月的磨蚀。

法身呢，其实就是你心里最深的那个自己，那个本能的、天生的自己。你一出生它就一直和你在一起，但是它不会说话、不会表达，所以它不会告诉你它想要什么，你得去找、去发现、去领会。

人穷其一生都在寻找自己的法身，法身在哪里呢？它不在外面，就在我们自己身上！

色身和法身的关系如何呢？

有个这样的比喻很妥帖：色身就是灯，法身就是光，灯为光之体，光为灯之用，没有光的灯就是一个坏灯，没有价值；没有灯的光就无所依靠，也没有源头。

什么时候才能找到自己的法身呢？看到自己的时候，感受到自己心里那道光的时候。

怎么找呢？方法只有一个——内求。

所谓自修自行，自称佛道，你就是自己的佛，关键你得找到、看到、感受到。

佛经三千，都说归入佛门，却没有一个说让你皈（guī）依他佛，这个佛门是自己的佛，皈依自佛。所以，你成不成佛，不必向外求，向内，所谓“自心归依自性，是皈依真佛”。

【尝试解读《六祖坛经》之二：禅悟途径之心生智慧】

法身是内心的光，那么这个光是从哪里来的呢？智慧！嗯，所以我们总说“智慧之光”嘛！智慧是从哪里来的呢？

第一步：获取知识；第二步：心生智慧。

先说第一步获取知识。知识是从对外界的观察、学习、思考以及辩论中得来的，也是从书本中得来的，更是通过读万卷书、行万里路得来的。

智慧呢，是在广泛地充分地“知”的基础上再行提升，所谓“无知无不知就是智，无别无不别就是慧”。啥意思呢？

就是说彻悟的人，他什么都知道，他无所不知却又看似什么都不知。嗯，高人就是什么都知道，却什么都不说。一直不说吗？也不是的，有缘人请教他的时候他就会说，所谓“佛渡有缘人”吧；无别无不别呢，就是说他能看出每个人的善恶特点，他能分别世间一切却又完全不分别。一直不分别吗？不是的，有缘人请他出手相助的时候，他就会做分别——感觉智慧好难达到有没有？

如果说色身是灯，法身是光，那么智慧就是灯油，只有不断添加灯油才能让光越来越亮。

【尝试解读《六祖坛经》之三：禅悟途径之阅读佛经】

既然人可以通过获取知识心生智慧自己找到法身，那佛经的作用是什么呢？

禅宗佛经千千万，不过都是在信众寻找自身佛的过程中可能用到的工具——就是渡你过河的舟楫。

比如说《涅槃经》（涅槃，读作 niè pán），喜欢的人来读读看，看大家能不能明白怎么找到自己的法身。读完了，不行，那好，换《金刚经》试试。还不行，再换别的经文试试……

佛经不神秘，它就像高考宝典、解题秘诀，但它永远都不是高考本身。它是关于如何寻见自身佛的一篇又一篇说明文，从各个角度，做各种比喻，尝试让信众明白。

【尝试解读《六祖坛经》之四：禅悟途径之必须亲身体会】

有一个游方僧赵州和尚，人家跑来向他讨教如何禅修，他说：稍等，我出去一下。

回来后，赵州和尚问大家：你们猜我干什么去了？

大家说：这我们哪里知道？

他说：嗯，我去方便了一下。

【尝试解读《六祖坛经》之五：禅悟途径之无相无念无住】

什么是“无相”？

《六祖坛经》说：“外离一切相，名为无相。”

啥意思呢？

就是说，我们的眼耳鼻舌身意看到的、听到的、闻到的、尝到的、触摸到的、感受到的一切其实都是空相，眼前的高楼、耳朵里的音乐、相知相爱的幸福等，亿万年前并不存在，亿万年后也必不存在，认识到这些，就是证悟了“空性”这个佛学中的核心概念。

一切都是空的，所以就不用努力了吗？

当然不是的！

人出生时就意味着会死亡，人生注定是一场无意义的旅行，但我们就是要在这短暂的无意义的旅程中制造出自己喜欢的意义，这就是人生本来的意义。

一切终究毁灭，所以趁现在还来得及，要好好珍惜，珍惜每一个当下、每一个现在。

嗯，证悟无相，然后才能生出更大的努力之心！

什么是“无念”呢？

“于诸境上，心不染，曰无念。”意思就是世间的一切到你的心上却不会让你动心、烦心。好比一个人坐在闹市之中看书，他的眼耳鼻舌看似打开，其实门虽开而虚设，嗯，也就是让自己的眼耳鼻舌身意暂时停止工作（感觉像关门），这大概就是无念了。

为啥要停止工作呢？这就像电脑重启，系统净化，重启后经过净化的电脑会工作得更高效。所以无念不是真的什么都不想，是为了略去门外嘈杂的、无效的信息，关注自己内心最想关注的部分就好！

那么“无住”是什么呢?

就是住在人世间，却不会为世间事所束缚。简单来说就是没有挂碍。嗯，前面我们说过一切都是空相，既然是空相，那还有什么值得挂碍的?

外面的一切名利都不值得挂碍，所以来时任其来，去时随他去。唯一值得关注的只有自己的内心、自己的本性、自己的法身、自己内心最想要的生活状态。

活成自己最想要的样子，这才是人生至大的意义!

【尝试解读《六祖坛经》之六：禅悟途径之无修无不修】

说了那么多禅悟的途径，具体到底该怎么做呢?

其实没那么复杂，也不必搞那么多形式。行住坐卧都是禅，最好的办法就是“无修无不修”。

这又是啥意思?

意思就是说，如果按照普通人通常理解的那样有意修行、郑重其事，那就成了“有为之修”，就把修行当成了一种任务。虽然也会有功效，但很难持久进行下去，毕竟谁愿意天天做任务啊? “如斯修行，不解佛意，虚受辛苦，岂非大错? ”

最好的修行就是过好每一个当下，吃饭时全心全意吃饭（吃饭时说话不小心就会呛到，不利于身体健康）；爬山时一心一意爬山（上山要好好看路，不看路小心一下跌倒）；做事时全心全意做事（所谓心无二用，二用效率必定不高）；睡觉时一心一意睡觉（胡思乱想难以入睡会影响第二天的状态）。

对，在每一个当下用心觉察，然后悟出人生最深的道理。这看起来都是修行，又都不是修行（分明是生活本身嘛），这就是无修无不修。

赵州和尚的意思是，你如果不够自信，就会跟随着环境茫然转变。环境好，你就舒畅；环境不好，你就焦虑，这样你的心始终是不自由的。所以，不能心随境转，而是要境随心转。

是啊，无修无不修看似容易，就好比吃饭、穿衣都是很平常的事，但关键是你在做的时候无念无求、心无滞着。

什么叫心无滞着呢？

嗯，就是不执着、不挂碍。好比吃饭的时候不要介意哪个好吃、哪个不好吃，不过都是填饱肚子的食物而已；穿衣服的时候，不要想着哪件漂亮，哪件不漂亮，不过都是遮蔽身体的东西而已。

这就是禅宗最强调的日常修行。

等你在这样的日常生活中明白了这些道理，就已经朝着觉悟的方向走了一大步啦！

【尝试解读《六祖坛经》之七：啥叫“般若波罗蜜”】

佛家口中的“般若（bō rě）波罗蜜”，意思是“大智慧到彼岸”，嗯，就是说那些已经悟道的人，都是具有大智慧的人。

他们已经用自己的智慧寻找到了自己的法身，到达了彼岸（觉悟的境界）。但是他们不光顾自己，还回过头来帮助芸（yún）芸众生。他们写佛经、讲佛经、建寺庙……对，他们通过各种方式，引导大家都去找到自己的法身，启迪心智，了悟生命本来的意义。

嗯，从这一层面来说，他们是伟大的，是智慧而慈悲的。他们是读懂自己、遇见自身的典范；他们是普罗大众的榜样！

所以呢，人们把他们雕成塑像敬在庙宇之中并焚香纪念，其实是致敬的意思——向智慧慈悲的他们表达敬意；是作为禅悟参照的意思；是希望大家明白这条路是通的，所以值得去思索、去努力的意思。

所以我们去寺庙拜佛，表达的应是致敬之意，而不是求佛保佑的拿来主义。你要求的他们其实都给不了，你只能求自己，如此而已。

大兴善寺
你猜大家是来表达敬意的，还是祈求保佑的？
哎哟，怎么这么多人啊！

【尝试解读《六祖坛经》之八：禅宗之无功德无不功德】

当年梁武帝问菩提达摩：我修建了很多寺庙，抄写了很多经文，算不算功德？达摩说：无。什么意思呢？其实，梁武帝这么问的时候，那些就已经不是功德了。不是为了得到功德去做事，而是为了自己的心去做，这才是真正的功德。

六祖还说，自渡为功。也就是说，自己悟道了，找到自己的法身了，这就是功；但你还不以此为满足，你还跑回来告诉大家有这么一条路子，希望大家也能一样悟道，这就是德。

【尝试解读《六祖坛经》之九：禅宗说的顿悟到底是啥感觉】

在日常修行有了感觉之后，你可能很快就可以顿悟了哦！什么是顿悟呢？

禅宗认为，顿悟是一种类似跳过悬崖的内心体验，此种体验“智与理冥，境与神会，如人饮水，冷暖自知”——只可意会，不可言传。有没有感觉好神奇？

顿悟如桶底子脱——桶底忽然脱落，桶里的东西瞬间全部掉落而出，什么也没有了。意思是说，心里的种种负担突然就没有了。但不是因为问题得到了现实意义上的解决，而是因为你想通了，所以以前所有的问题，都不再是问题了。问题的关键在于个人心里的认知以及心态的调整，认知透了，心态好了，问题就不存在了，负担纠结就像洒出去的水一样，都没有了。

【尝试解读《六祖坛经》之十：顿悟之后】

禅宗认为，顿悟之后，还是照样回归到琐（suǒ）碎的日常生活之中，就是“直向那边会了，却来这里行履”，“不异旧时人，只异旧时行履处”。你看，生活的地方还是那个地方，做的事情还是那些事情，但人的感觉呢，完全不一样了——对任何事情都不再有滞着。那感觉就是“终日吃饭，未曾咬着一粒米；终日行，未曾踏着一片地”。

哎哟喂，想想看，这是多么玄妙的感受！估计很少有人能够体会吧……

禅宗深受中国人的喜爱。禅宗讲究的静、寂、空，对中国的文学、书法、绘画都影响深远。也正是从这时候开始，儒释道在中国真正三足共成。

来欣赏两首王维的禅诗，体会其中的空、寂、静。

鸟鸣涧

人闲桂花落，夜静春山空。
月出惊山鸟，时鸣春涧中。

辛夷坞

木末芙蓉花，山中发红萼。
涧户寂无人，纷纷开且落。

第四节　为了儒家：耿直青年韩愈和“曲线复儒”的李翱

在佛家兴盛的同时，别忘了，唐朝科举制度下的考试范围仍然是儒家经典。

科举制度就是一个标杆。想要在社会上有一番作为，就必须学习儒家，因为只有成功通过科举考试，个人才能有更大的平台，才能实现修身齐家治国平天下的人生理想。这是儒家儿郎一生的追求。

比如唐初政治界的房玄龄、杜如晦、魏徵（zhēng），初唐四杰中的王勃、杨炯（jiǒng）、卢照邻等人，走的都是儒家的路，可以说是儒家在支撑着社会的整体运转。

本来呢，佛家让人精神超脱淡泊名利，儒家让人着眼现实为国为民，这似乎并没有多大的矛盾，但是后来情况发生了变化……

后来，佛教徒越来越多——到唐武宗开始搞灭佛运动时，僧侣以及其他教众已达26万之多！这些人可以免税、免徭役，日常也不用劳作，全靠国家财政养着，已经越来越成为国家沉重的负担。

不仅如此，寺庙占有的财产越来越多，僧人为非作歹的事也时有发生。

熟悉武则天的人都知道，她的男宠冯小宝，就是后来当了白马寺老大的和尚薛怀义（改名换姓），那真是骄纵跋扈横行长安城啊！他还贴心地为武则天在浩如烟海的佛经里找到一部《大云经》（其实是他伪造的），经里记载一个女人统治国家，最后还成了佛。瞧瞧，这简直就是为武则天量身定制的嘛！

有了这个理论依据，武则天代替李家人当起了皇帝，这心里就更踏实了！

佛教帮了武则天的忙，武则天自然也要投桃报李，好好地推广佛教。嗯，她请禅宗北派的神秀进宫，将他奉为国师，又派人远赴岭南盛情邀请六祖慧能前往长安。当然，慧能婉拒了。

就这样，佛教成为高层的政治工具，享受着免税、免徭役和各种高级供养的佛教徒成为社会的寄生虫。李家的旧臣、天下的百姓能看得下去吗？积怨肯定是有的。

此情此景，真的需要一个人站出来振臂高呼！

这个人会是谁呢？

他就是被皇帝一怒之下打发到潮州的韩愈，那个在大雪纷飞之时跨越秦岭，雪拥蓝关马不前的韩愈。

当然，韩愈高举大旗主张回归儒家传统之时，武则天已经去世很久了。对了，中间还发生了安史之乱，唐朝的国势已经没有之前那么如日中天了。

【韩愈和他的思想主张】

安史之乱结束 5 年后，韩愈出生了。他的童年生活可不算幸福，才 3 岁就没了爹娘，本来苦兮兮地跟着哥嫂勉强过日子吧，可惜哥哥因为被调任，心情很抑郁，后果很严重——竟死在了任上。

穷人家的孩子早当家，韩愈在嫂子的教导下，发奋读书，25 岁时中了进士。中了进士，相当于通过了公务员考试，就可以在政府部门工作了。

韩愈上班为啥这么积极呢？

因为他在朝为官时碰到的是唐朝安史之乱后的中兴之主——唐宪宗李纯。唐朝遭受安史之乱一劫，迫切需要上下齐心，努力恢复发展。但李纯这个人呢，既想改革，又比较胆小纠结，怕动作太大引起动荡，所以还是继续推行佛法。

耿直的韩愈在李纯准备万分隆重地从法门寺迎接佛骨舍利到长安供奉的时候，发飙（biāo）了。他写了一封奏折给皇帝，意思是不要再宣扬佛教了，自古以来，信佛的皇帝可都是短命货，还说要把佛骨烧掉。

然后韩愈就被发配去了潮州……

当然，8个月之后韩愈还是回来了。不仅回来了，官还越当越高。

为什么呢?

因为皇帝心里知道，韩愈虽然说话太直，但本质上是为他好的。

回来之后有了更高的官位、有了更大影响力和号召力的韩愈开始行动起来，不仅发起文学上的古文运动，思想上也主张匡救世事的儒家。

韩愈主张恢复儒家正统，那他首先就要跟大家讲清楚儒家为什么是正统。

韩愈很认真，他为此做了一次长长的回顾、深深的梳理。

幸亏有文字有纸张，他的梳理都记录在他介绍儒家道统的著名文章《原道》里。

翻译并提取一下主要观点就是：

远古的时候，人类面临的自然灾害很多。之后有圣人出来，做他们的君王或老师，这才教给人类具体的生活方法。有了与自然斗争的经验，人们慢慢就驱走了那些蛇虫禽兽，安安生生安顿在中原一带，好好地过起日子来啦。

天冷的时候，圣人就教人们做衣裳；饿了，就教他们种庄稼；人们住在树上半夜翻个身就掉下来了，哎哟，好危险！住在洞穴里呢，又潮湿阴暗，容易生病，怎么办呢？圣人就开始教大家建造房屋。建造房屋需要器具呀，于是又教大家做工匠，当然也制作各种各样必需的生活用具。

基本生活有保障了，圣人接着又教导大家经营商业，就是把东边的卖到西边去，把西边的买到东边来，嗯，就是调剂货物有无；有人受伤了生病了，圣人又发明了医药；为了对死去的人表示尊重，又制定了葬埋祭祀（jì sì）的制度，也因此增进了人与人之间的恩爱之情；制定礼节，做到长幼有序，尊老爱幼；制作音乐，心里郁闷的时候可以高歌一曲；制定政令，督促那些容易犯懒的人；制定刑罚，辖制那些喜欢做坏事的强暴之徒；因为在商业过程中有人弄虚作假，于是又制作符节、印玺、斗斛（hú）、秤尺，作为凭信。对呀，卖东西要足秤，可不能短斤少两哟！

总而言之一句话，那就是遇到问题赶紧想办法解决，没有问题也要居安思危，做好预防。

瞧瞧吧，圣人带着大家做得这么辛苦，可是道家却说什么，如果圣人不死，大盗就不会停止。只要砸烂斗斛、折断秤尺，人民就不会争夺了。唉！这都是没脑子的人才能说出来的话呀！

韩愈越想越不开心！

他想说的是，如果没有圣人，人类早就灭亡了。为什么呢？

因为如果人们没有衣服和房屋，早就冻死了；如果不会种庄稼，早都饿死了；如果没有各种制度安排，早就互相打打杀杀被伤害死了。

所以呢，这个社会要有序运转，每个人必须干好自己该干的工作。比如说君王是发布命令的；臣子呢，就是执行君王的命令并将其实施到百姓身上的；百姓呢，就是勤勤恳恳，日出而作，日入而息，生产粮食、丝麻，制作器物，交流商品，来供奉在上统治的人的。

君王如果不好好发布命令，那就丧失了作为君王的权力；臣子如果不执行君王的命令并且将其正确地实施到百姓身上，那就不是一个合格的臣子；百姓不生产粮食、丝麻，不制作器物、不交流商品来供应在上统治的人，天天想办法偷懒闲逛，那就应该受到惩罚。

这本来就是古已有之的秩序嘛！可是如今佛家却说什么众生平等，一定要抛弃你们的君臣关系，消除你们的父子关系，大家一起去追求那些所谓清净寂灭的境界。

说着说着，韩愈简直想发火，他大力呼吁说：道家和佛家主张的，万万使不得啊！人还是要积极改变环境、发展生产，不能老说什么无为啊、顺其自然啊这样无用的话！

经过一番认真的梳理总结，最后，韩愈第一次提出了道统的概念和内容。嗯，也就是儒家之道的来龙去脉！

什么样的来龙去脉呢？

就是说，儒道这个东西早就有了。它是尧传给舜，舜传给禹，禹传给商汤，商汤传给周文王、周武王、周公旦，周公旦又把它传给了孔子，孔子传给了孟子。孟子之后呢，荀子和扬雄就没有怎么讲清楚这个事情，所以后人就有些迷糊了。

这就是韩愈关于儒家道统的总结，所有在其中发挥过作用的大人物一脉相承的关系他都梳理好了。唉，要是荀子和扬雄听到了，肯定不开心。还有董仲舒呢，凭什么不提他?

哦，想起来了，韩愈推崇的儒家是最古老的、最原生态的那个儒家，不是经过阴阳家渗透之后的儒家!

嗯，你看，韩愈眼里儒家之道的来源线条多么清晰明了——这才是人世间的正统大道嘛!对，国人做事都讲究个来历清楚、名正言顺，韩愈主张回归道统之前，得先跟大家理个明明白白。

那么佛教、道教怎么办呢?韩愈的态度很明确:禁止佛老之道，烧掉佛经，寺庙给大家住。

对，要堵塞佛老之道，这样儒家的正统之道才能流传;禁止了佛老之道，儒家的正统之道才能推行。所以必须把寺庙里的和尚、道观里的道士还俗为民，而且为绝后患，还要一鼓作气烧掉佛经、道书，把佛寺、道观变成平民的住所，将儒道作为治理天下的唯一标准，使鳏（guān）寡孤独者都能得到照顾。

嗯，这样大概就可以了！

哎哟喂，耿直的韩愈果然是勇敢向前、虎虎生风的。

陈寅恪先生在他的文章《论韩愈》中也曾认真分析过韩愈排斥佛家这件事，他的意思是，韩愈之前的古文家，还有与韩愈同时期的柳宗元、白居易等人，都因为认识不够清楚、主张不够彻底，所以不敢如此立场坚定地排斥佛家。这恐怕就是韩愈能够作为古文运动领导者的主要原因吧！

韩愈要重点发扬的，是儒家的核心人伦。

儒家的核心人伦是什么呢？

古之欲明明德于天下者，先治其国；欲治其国者，先齐其家；欲齐其家者，先修其身；欲修其身者，先正其心；欲正其心者，先诚其意；欲诚其意者，先致其知；致知在格物。

啥意思呢？

意思就是说，古代那些想让美德彰显于天下的人，要先治理好自己的国家；要想治理好自己的国家，先要管理好自己的家庭和家族；要想管理好自己的家庭和家族，先要进行自我修养；要进行自我修养，先要端正自己的思想；要端正自己的思想，先要使自己的意念真诚；要想使自己的意念真诚，先要使自己获得知识，获得知识的途径在于认知、研究万事万物。

明白了吗？弘扬儒家的具体路径你明白了吗？

总的来说，韩愈振臂高呼回归儒家道统的倡议，往前看，是儒家在南北朝衰落之后的一次复兴；往后看，是宋明理学的发端。嗯，其实在哲学史上的意义是非常大的哦！

是的，韩愈对复兴儒家思想的贡献是没得说的，但是偌（ruò）大一个朝代，难道就只有韩愈一个人在努力吗？

不是的。与韩愈思想主张相同而且也有大贡献的，还有一个人——李翱（áo）。

【李翱和他的“曲线复儒”之路】

李翱比韩愈小 4 岁，他和韩愈啊，其实亦师亦友。

自从李翱认识韩愈后，两人就经常一起读书、一起讨论、一起散步、一起喝酒，好得跟一个人似的！

怎么说呢？

他们两人之中，韩愈就是负责指明方向的，摇大旗、呼口号；然后李翱就躬下身子仔细研究具体措施，勤奋撰写“关于推进韩老师一系列主张的具体方案”。

当然，他们两人还是有区别的。

韩愈十分耿直，就不跟你废话，直截了当地反对佛家；李翱呢，则要委婉一些。他想了一招好办法——用当时盛行的佛学观点来解释儒家。

是不是很有才？是不是很容易让人接受？

李翱对佛家的研究其实很深。他推崇儒家，根本的立足点就是：你们不必非要求道求佛嘛，什么人性啊人心啊色身啊法身啊这些你们感兴趣的问题，其实我们儒家这里也是有答案的哟！（此处重点备注：冯友兰先生说，这也是后来宋明理学讲学的所有动机。）

好，我们来看看李翱是怎么用佛家来解释儒家的？

比如，韩愈主张个人就应该按照格物、致知、诚意、正心、修身、齐家、治国、平天下（这八件事是有严格的先后顺序的）来安排自己的人生。

那么，什么是诚意呢？

李翱就解释说了：“诚者，圣人之性也。寂然不动，广大清明，照乎天地，感而遂通天下之故。”

有没有感觉这分明就是佛家用语？李翱说“诚”就是人的法身，这个法身呢，平时寂然不动，但它广大清明，照乎天地，如果你能感觉到或者找到这个法身，那天下就没有你不通的事。

李翱还说：唉哟，大家不要误会啊，这个意思其实子思（孔子的孙子）早就说过，不信你看，子思说：“唯天下至诚，为能尽其性。能尽其性，则能尽人之性。能尽人之性，则能尽物之性。能尽物之性，则可以赞天地之化育。”

你看我说过了吧？佛家说来说去的道理，我们儒家早就说过了哦！

又比如说，韩愈说人要尽力修炼自己成为圣人那样的人，李翱就认真讨论修养成圣人的方法：

物至之时，其心昭昭然明辨焉，而不应于物者，是致知也。是知之至也。知至故意诚，意诚故心正，心正故身修，身修而家齐，家齐而国理，国理而天下平。此所以能参天地者也。

啥意思呢？

用佛家的语言体系来说，就是你的色身有七情六欲是可以的，但不要动到法身，应物而不累于物。这样才算是真正地知道了万事万物的道理、规律。明白之后呢，就能意诚，然后才能正心、修身、齐家、治国、平天下。嗯，就这样一步步做下去。

来，小结一下这一节：

其一，李翱用佛学观点讲解儒家。其实啊，当时的佛家，也经常用儒家观点来讲解佛经。

不管儒家佛家，说白了都是渡人的舟楫，只不过儒家渡人，是要人积极入世；佛家渡人，是要人圆满自身。

儒家与佛家互相借鉴，互相促进，互相融合，这是两者的发展使然，也是那个以融合为主要特点的大时代使然。

其二，韩愈和李翱所推崇的孔孟儒家，也正是后来宋明理学的开端和依据。韩愈极为推崇《孟子》《大学》《中庸》，宋明理学家就将《论语》《孟子》《大学》《中庸》定为“四书”，与汉武帝定名的“五经”（《诗经》《尚书》《礼记》《周易》《春秋》）合在一起，成为之后的儒家学子必备的学习资料。

好了，到这里，汉唐部分暂时告一段落啦！

下一站，我们正式进入到宋明时期，和那里的理学家们一起去玩喽！

后　记

最想说的话就是：大哲小哲你们辛苦啦！跟随着大哲小哲这一路的小朋友大朋友们，你们也辛苦啦！

古往今来，人间天上，当我们探身到历史的长河里，才知道原来曾有那么多的人，他们一个个出现，像火炬手一样，绵绵不断地传递着照耀世界的火种。他们出身不同、视角不同、脾性不同，但勤于思考的心相同，为了人类幸福的愿望相同，追求更好未来的心意相同。

我们跟随着大哲小哲的脚步，和他们一起聊天、一起发呆、一起思考，这一路走来，或许心情变沉重了，但眼睛却变亮了。如果把心比作一盏灯，这一路的收获就是丰富的灯油，这灯油点亮的光就是你眼中智慧之光！

但愿这智慧之光，好好地照亮你长长的人生！

魏雁

老子说："天地不仁，以万物为刍狗。"作为刍狗，我却被赋予了观看蓝天白云的权利。人生没有意义，因为"意义"二字本是人造的。但是如果换一种方式想，既然人类能造出"意义"，那么其内容物本该为人类所特有。意义是人创的，但不该因为意识到这点就垂头丧气——虽然甚至不如一片树叶那般真实，但意义毕竟可以依靠。我终究无法像只绵羊一样仅靠本能活着——那样想必很快乐。但是明知得不到快乐，也要快乐。木心先生曾说这是悲观主义，我却奉以为人生中一半的真谛。

特约编辑　牧羊人